NOTICE BIOGRAPHIQUE

SUR

LE R. P. DÉLÉAGE

MISSIONNAIRE DES OBLATS

Mort en 1884 dans le diocèse de Québec (Canada)

LE PUY

TYPOGRAPHIE J.-M. FREYDIER

PRADES-FREYDIER, Successeur

PLACE DU BREUIL

1886

NOTICE BIOGRAPHIQUE

SUR

LE R. P. DÉLÉAGE

NOTICE BIOGRAPHIQUE

SUR

LE R. P. DÉLÉAGE

MISSIONNAIRE DES OBLATS

Mort en 1884 dans le diocèse de Québec (Canada)

LE PUY

TYPOGRAPHIE J.-M. FREYDIER

PRADES-FREYDIER, Successeur

PLACE DU BREUIL

1886

AVANT-PROPOS

Il n'est pas de petite localité qui ne soit justement fière des grands hommes qu'elle a produits, et dont elle ne tienne naturellement à conserver la mémoire; de là les mausolées, les statues et les monuments divers, pour en perpétuer le souvenir à travers les siècles.

Mais de nos jours surtout combien de tristes noms qu'on cherche en vain à couvrir de gloire, et qui ne porteront, à tout jamais, que le cachet de l'opprobre et du mépris universels.

Car, en effet, le génie accompagné du vice, le génie seul, et sans la vertu, ne fit jamais la véritable grandeur. Dieu seul est grand par sa nature et l'infini de ses perfections; et l'homme n'est vraiment grand que par l'imitation du divin prototype, et sa grandeur est proportionnée au degré de ressemblance avec l'être souverainement parfait. Combien de noms, obscurs peut-être, méprisés du monde, seront magnifiquement grands au jour de la manifestation des consciences! Combien de grands hommes, qu'on croyait petits, surgiront alors dans la splendeur de la gloire, tandis qu'une foule d'autres seront condamnés à un opprobre éternel!

A l'humble missionnaire qui brillera dans ce grand jour d'un éclat tout divin, et dont la sainte dépouille repose au désert lointain, à l'ombre d'une modeste croix, si on n'élève pas une statue, un monument splendide, qu'il mériterait infiniment plus que tant de vains et orgueilleux mortels, ne doit-on pas au moins quelques lignes d'hommage et de vénération?

Dans le courant de l'année 1884, le diocèse du Puy, si fécond en saintes vocations, vient de perdre un de ces hommes apostoliques, dont la mission et les œuvres sont d'autant plus admirables, qu'elles sont restées plus cachées.

Le R. P. Régis Déléage, digne enfant des Oblats de Marie, mort en odeur de sainteté, dans sa vaste mission de la Rivière du Désert, diocèse de Bitown, haut Canada, c'est le nom de ce cher et vénéré compatriote, l'honneur de sa digne famille, et l'une des gloirès du diocèse de Marie.

En attendant de pouvoir lire sur cet homme de Dieu quelque chose de plus intéressant et de plus complet, qu'il soit permis à un de ses condisciples de jeter un coup d'œil rapide sur une carrière si saintement et si magnifiquement remplie.

I

SA NAISSANCE

Le modeste village qui eut la gloire de voir naître Régis Déléage, de posséder son berceau avec les beaux exemples de son jeune âge, porte le nom de Crossac, dans la paroisse des Villettes.

Sa maison, aujourd'hui, comme dans le passé, la principale du hameau, a vu croître et prospérer une de ces familles modèles, vraiment patriarcales, qui conservent, avec l'héritage des aïeux, le trésor plus précieux encore de toutes les traditions, de toutes les vertus domestiques et chrétiennes. Cette pieuse maison a donné avec ce saint missionnaire, trois ou quatre religieuses au Seigneur.

Le père et la mère Déléage ne pouvaient que communiquer à leurs propres enfants ce qu'ils avaient reçu de leurs ancêtres : paix et union parfaite ; foi, piété robuste, générosité ; amour de la patrie et de l'Eglise ; charité constante envers les pauvres et les malheureux de tout genre ; fuite des sociétés mondaines et fréquente pratique des devoirs religieux.

Heureux et vertueux doivent être les enfants qui trouvent sous le toit paternel une autorité sévère et vigilante, qui sait se faire aimer et respecter par la prédication de toutes les vertus chrétiennes. Sur dix enfants, Régis se trouvait le huitième.

Il vint au monde le 28 février 1822 ; en le faisant naître au milieu de la froide saison, la Providence semblait vouloir habituer son jeune corps, dès le berceau, à supporter les rigueurs du climat glacial qu'il devait plus tard évangéliser.

Son frère Jean-Louis avait été désigné pour être son parrain. Mais avant de le porter à l'église paroissiale, il fallait convenir du nom qu'on allait lui donner : « Vous le ferez baptiser, dit la mère, sous le nom de Régis ; puisse-t-il un jour imiter son saint patron. » Les vœux de la pieuse femme ont été parfaitement exaucés, et son digne enfant a été, en réalité, le P. Régis, de la rivière du désert.

O que les vœux d'une mère sont puissants aux yeux du Ciel, quand elle promet, quand elle donne son fils *au Seigneur*.

II

PREMIÈRE ENFANCE

En ce temps-là, autant et plus que de nos jours, les mères vertueuses tenaient à nourrir et à élever elles-mêmes leurs enfants dès le berceau, leur faisant sucer avec le lait maternel le germe des vertus viriles et chrétiennes : de là ces belles et fortes générations, ces corps, ces âmes robustes, énergiques, qui donnaient de vaillants soldats à l'Eglise et à la patrie.

Quoique épuisée par le grand nombre d'enfants qu'elle venait de donner à Dieu, la mère Déléage se garda bien de confier son nouveau-né à une femme étrangère. Son bonheur était de l'environner de toute sa sollicitude maternelle. Jour et nuit elle veillait sur son petit Régis, comme sur la prunelle de ses yeux ; et ses soins ne firent que redoubler, à mesure qu'il grandissait en âge.

Mais déjà les premières lueurs de la raison commencèrent à paraître; à qui confier le soin de former ce jeune cœur, de diriger cette intelligence naissante? Le hameau est isolé, loin de toute école et du chef-lieu de la paroisse. La mère Déléage fera pour Régis ce qu'elle a fait pour ses autres enfants : elle sera la première institutrice, elle élèvera son enfant dans la connaissance, l'amour et la crainte de Dieu : les premiers noms qu'elle lui fera bégayer seront les doux noms du Père et de la Mère que nous avons dans les Cieux et bientôt, à la prière du matin et du soir, qui se fait en commun, le jeune Régis mêlera sa voix à celle de ses pieux parents ; bientôt il récitera avec la prière de chaque jour, les premiers éléments de la doctrine chrétienne, qu'il apprendra lui-même aux autres enfants de son âge, comme pour s'exercer de bonne heure au saint Ministère qu'il doit remplir plus tard.

La pieuse mère de Régis avait trop de sens pratique et de jugement pour ne pas comprendre que, pour être totale et complète, l'éducation de l'enfant doit former avec son intelligence, sa volonté, son cœur et son caractère, en combattant les excessives inclinations de la nature, en éloignant son âme de la contagion du vice, en la maintenant dans le sentier de la vertu. De là sa sollicitude, ses soins continuels, pour surveiller le jeune arbrisseau, pour lui donner une bonne direction, couper et tailler les mauvais rejetons dès leur naissance, afin de lui faire porter de bonne heure des fruits de salut. Quel amour dans ce vrai cœur de mère, quelle sagesse dans ses conseils, quel à-propos dans ses corrections et ses réprimandes ! « Mes enfants, aimait-elle à dire avec son digne époux, évitons le mal et faisons le bien, aimons, servons Dieu et nos frères. » A une pareille école, le jeune Régis ne pouvait que grandir en sagesse et en vertu.

Voilà pourquoi peut-être, pendant tout le temps de son petit Séminaire, les professeurs et les élèves lui décernèrent, chaque année, le premier prix de sagesse. Avec des parents lâches et indifférents, Régis aurait pu se laisser entraîner par le torrent des mauvais exemples, car il était naturellement vif et ardent ; mais les parents que la Providence lui avait donnés, avaient eu soin de réprimer les premières saillies de son jeune âge, de telle sorte que son caractère, un peu bouillant, devint charmant et admirable. Toujours d'une humeur égale et riante, on ne le voyait jamais se plaindre ni dans la maladie, ni dans la souffrance, ni dans les épreuves du jeune âge. O la bonne école que celle d'une famille profondément chrétienne ! On oublie souvent tout le reste ; jamais, les leçons d'une mère vertueuse : elles demeurent gravées dans le fond de l'âme.

III

LA PREMIÈRE COMMUNION

Dans la jeune et belle vie de Régis, il y eut une année, un mois, une semaine, un jour de bénédiction, ce fut l'époque tant désirée, le jour si vivement attendu de sa première Communion, qui eut lieu en 1834.

Depuis plusieurs années déjà, sa mère lui parlait de cette fête incomparable du jeune âge : « Quand donc ferai-je ma première Communion, lui répétait souvent le jeune Régis, surtout quand il voyait les autres enfants s'asseoir au banquet des Anges? » Mais la mère qui comprenait toute l'importance de cette grande action, le renvoyait d'une année à l'autre, afin de le mieux préparer à communier dignement.

« C'est dans quelques mois, lui dit un jour sa mère, que tu auras cet insigne bonheur, si tu en es jugé digne. » Et dès ce moment, Régis qui atteignait déjà sa douzième année, ne rêva plus que le beau jour de sa première Communion. C'était le jeune cerf altéré, qui ne soupirait qu'après la fontaine d'eau vive! C'était un Ange qui se préparait avec ardeur à l'angélique festin. Et à mesure qu'on approchait de l'époque fortunée, on le voyait redoubler de zèle et d'activité, pour bien apprendre son catéchisme et se corriger de ses moindres défauts. De son côté, la pieuse mère multipliait ses efforts et ses prières pour le succès de cette grande affaire. Dans de telles conditions, l'heureux enfant était bien digne de faire sa première Communion. Les prêtres de la paroisse n'eurent pas de peine à le mettre au nombre des futurs communiants, en le trouvant si bien instruit et si bien préparé.

Après la petite retraite qui précède le grand jour, et

où Régis fut un vrai modèle de piété et de recueillement, ses parents le virent arriver, tout rayonnant de joie et de bonheur.

« La veille du grand jour, nous a dit sa sœur reli-
« gieuse, qui vit encore, Régis nous édifia beaucoup, en
« demandant pardon à toute la famille, réunie pour le
« repas du soir, sans que personne ne lui eût conseillé ni
« parlé de le faire. »

Nous ne dirons rien et ne pouvons rien dire de ce qui se passa entre Jésus et Régis, au moment de la sainte Communion. Ce sont des mystères intimes, des colloques divins, dont les Anges furent seuls témoins. Mais ne doit-on pas supposer, suivant le cours ordinaire de la Providence, qu'à l'heure où le jeune communiant se donna au divin Maître, qui venait de se donner à lui, Jésus lui révéla sa belle et future Mission, en lui disant comme à Pierre : « Régis, m'aimes-tu ? » Et l'enfant de répondre : « Vous savez, Seigneur, que je vous aime et
« veux vous faire aimer. » Et Jésus, de son côté : « Tu
« seras apôtre, nouveau Régis, convertisseur des âmes. »

Ce qu'il y a de certain, c'est qu'à dater de sa première Communion, Régis portait dans son cœur le désir ardent de quitter le toit paternel, pour entrer dans la milice du Seigneur.

Ce pieux dessein ne tarda pas d'être connu des deux confidents et mentors du jeune âge, qui jouent, après Dieu, le grand rôle dans les saintes vocations, la mère et le confesseur, dont l'un lit dans le cœur et l'autre dans l'âme de l'enfant : tous les deux travaillèrent de concert à préparer les voies au futur lévite, la mère par l'ardeur de ses prières et le prêtre par les premiers éléments de la langue latine et la sagesse de la direction paternelle.

Le cachet divin, la marque infaillible de la véritable vocation, c'est lorsqu'elle triomphe de tous les obstacles qu'on lui oppose ; telle fut celle de Régis Déléage : car en tout et partout elle a été vraiment providentielle. Son défaut d'instruction, son âge avancé furent la première difficulté qu'il rencontra sur ses pas. Bien que sa famille, et en particulier sa mère, eussent un grand désir d'avoir un prêtre dans la maison, on ne croyait pas que Régis pût arriver au sacerdoce.

« Tu es trop vieux, mon enfant, lui disait sa mère, tu « n'es pas assez instruit, pour entreprendre cette longue « et pénible carrière. » Et Régis de pleurer, et la mère de prier et de le consoler de son mieux, sans oser lui promettre.

Mais, sans le prévoir, en lui donnant la houlette de berger, ses parents lui confiaient les insignes de sa mission future; car, d'après la volonté de Dieu, il devait être pasteur, gardien et sauveur des âmes : Et c'est à la suite de son troupeau, que sans le savoir lui-même, il préludait au futur exercice de son grand apostolat, par la prédication de la charité et de toutes les vertus les plus essentielles.

Son cœur était si généreux, si charitable que son plus grand bonheur était de rendre service : « Près de ses « pâturages, disent les personnes qui ont éprouvé ses « bienfaits, nous avions un coin de terre pour nous aider « à vivre; mais, hélas! notre pauvre père, tout infirme, « n'avait que les bras de son épouse et de ses petites « filles, pour la cultiver. Que faisait le charitable Régis? « Il venait à nous, nous donnait sa houlette, en nous « disant : « Allez, pauvres fillettes, allez garder mon « troupeau, je vais vous remplacer dans le travail qui est « trop rude pour votre âge et votre sexe. »

Toujours bon, dévoué, serviable, il était aimé de tout le monde, parce qu'il aimait tous ses compatriotes et surtout les jeunes compagnons de son âge, dont il était le modèle et le mentor admirable. Jamais sa langue ne fut souillée par le blasphème ni le langage impur. Ses paroles, ses conseils avaient toute la sagesse de l'âge mûr. Sa piété était en rapport avec la pureté de ses mœurs. Souvent dans la semaine et toujours le dimanche ses deux compagnons inséparables étaient son chapelet et son livre de piété.

Une telle conduite devait nécessairement toucher le cœur de la mère, qui ne cessait de prier pour son Régis. Comment pouvoir résister aux sollicitations, aux instances si ardentes d'un enfant si charmant qui ne cessait de lui dire : « Ma mère, je vous en supplie, laissez-moi faire un « prêtre, je veux être prêtre. — Oui, mon enfant, répond « un jour la mère, en laissant couler ses larmes, si Dieu « le veut, je le veux de tout mon cœur. »

Et aussitôt, le jeune Régis est confié à un pieux instituteur, qui, dans une année, lui fait faire de rapides progrès ; et après quelques mois de leçons préparatoires, M. Bonnet, vicaire de la paroisse peut dire à la mère : « oui votre Régis peut faire un prêtre, un bon prêtre ; « hâtez-vous de le placer au Collège. »

IV

LE COLLÈGE

A l'âge de seize à dix-sept ans, Régis Déléage entrait au petit Séminaire de Monistrol, lequel avait alors pour Supérieur, M. Montagnac, vicaire général, et pour Directeur, M. Muthuon, qui eut toujours un cœur de père et de mère pour les jeunes étudiants et contribua puissamment à rompre les obstacles que l'enfer suscita contre la vocation du futur missionnaire.

Les petits Séminaires sont des maisons souverainement importantes, ce sont des lieux de recrutement et de préparation sacerdotale ; c'est là vraiment le premier vestibule du sacerdoce chrétien. Mais quelles que soient la sainteté, la bonne organisation de ces établissements salutaires, il se trouve toujours dans le grand nombre d'élèves, quelques esprits revêches, qui viennent là, sans vocation aucune, avec des allures hautaines et des instincts souvent pervers : méchants et dangereux élèves, qui font la croix des maîtres et sont capables de jeter le désordre, même dans les plus saintes maisons. De là, parfois, des cabales sournoises, de malins complots, de folles rebellions.

Pour lutter contre ces petits *Lucifer,* qui sont loin de porter la lumière, il faut dans ces saintes maisons, de bons et intrépides *Michel,* pour porter l'étendard de la discipline et de la vertu ; il faut de bons et honnêtes élèves pour prêcher en tout et partout, par la régularité et la justesse de leur conduite.

Régis Déléage était sans contredit, l'un de ces vaillants élèves, qui font la joie des maîtres et l'honneur d'un établissement ; son amour pour la piété, son ardeur pour le travail et la régularité, sa docilité, sa vénération envers ses maîtres, sa grande humilité, sa douceur, son affabilité vis-à-vis de ses condisciples le rendaient vraiment aimable et en faisaient un de nos modèles les plus parfaits. Et la preuve éclatante qu'on lui en donnait, chaque année, c'était le prix de sagesse et de bonne conduite qui lui était attribué, d'une voix unanime, par les professeurs et les élèves.

Dès son arrivée dans la maison, ses Supérieurs n'eurent pas de peine à reconnaître son mérite et lui confièrent des emplois de confiance dans l'établissement. Sa réputation de bon enfant était devenue populaire et nous l'appelions le *papa Déléage* ou le *gros Déléage*, non pas tant parce que son corps, mais parce que son cœur avait des dimensions plus qu'ordinaires.

En récréation, comme en vacances, Régis était toujours le même, sa conduite toujours très édifiante, son langage toujours plein de sagesse et de discrétion, sa vertu toujours aimable.

Bien que son village fut éloigné de trois kilomètres de l'église paroissiale, il ne manquait jamais jour d'aller à la sainte Messe pendant tout le temps des vacances. Tout le monde était édifié, ravi de l'angélique conduite du pieux étudiant ; mais le démon en était très mécontent, soit en vacances, soit au collège. Et prévoyant que Régis pouvait lui livrer plus tard de terribles combats, il vit avec un bon plaisir, la maladie longue et cruelle qui vint interrompre les études de cet excellent élève.

Sa santé, qui était naturellement forte et robuste, perdit bientôt de sa vigueur, dans les travaux classiques, tant il est vrai de dire que le travail de tête et d'esprit est plus pénible, plus fatiguant que le travail manuel. On peut prendre de l'embonpoint dans les usines ou à la suite de la charrue, mais souvent on pâlit sur les livres et la plume à la main. Ce qui rendait le travail de Régis plus ardu, c'est qu'il avait commencé à un âge trop avancé et sans assez d'études préparatoires : C'était beaucoup de sa part que de pouvoir tenir le bon milieu dans sa classe. Mais à force de travailler les facultés de l'âme finissent par altérer la santé du corps ; c'est ce qui arriva chez l'infortuné jeune homme, qui, plus d'une fois, se vit contraint d'interrompre ses études, et cela, d'après le conseil des médecins et de ses maîtres. Pauvre et malheureux étudiant, le voilà au milieu de sa course, sans trouver personne pour lui dire de continuer. Va-t-il dans sa famille et son village pour prendre un peu de repos? Tout le monde s'accorde à le dégoûter de ses études. A Sainte-Sigolène comme à Monistrol il n'entend que ces tristes paroles : « Le pauvre Régis est phtysique, « bien malade et sans espoir de guérison s'il continue ses « classes. » Cependant une voix intérieure le consolait dans sa douleur et lui disait d'avoir toujours confiance. La mère, de son côté, qui ne cessait de mêler ses larmes et ses prières à celles de son tendre fils et qui devinait tout ce qui se passait dans le fond de son âme, comprit aussi la voix du ciel, la voix consolatrice, qui disait à l'infirme de ne pas s'arrêter. Et se rappelant les vœux qu'elle avait exprimés, aux jours de son baptême : « Cou-« rage, mon Régis, lui dit-elle, d'un accent prophétique, « je comprends que Dieu te veut dans son sacerdoce ; et « s'il le veut, il saura te donner la santé. » Cette parole guérit à moitié le malade qui s'en retourna continuer et finir ses classes et trouva dans l'excellent directeur de son âme, les mêmes accents, les mêmes encouragements de sa mère. O la belle et sainte vocation qui triompha de tout et de la maladie elle-même. L'heureux enfant poursuit sa sainte carrière, à travers tous les obstacles, dirigé par la main de Dieu, conduit par la main d'une mère pieuse et d'un sage directeur.

V

LE SÉMINAIRE

Parmi les élèves de notre cours, Régis Déléage était bien l'un des plus dignes d'entrer au Grand-Séminaire. Piété, vertu solide, talent bien suffisant, jugement et caractère excellents, Régis Déléage possédait les principes, les qualités d'un bon séminariste avant de l'être.

Mais parce que sa vocation devait être plus sublime et plus laborieuse, Dieu voulut l'y préparer de plus en plus en le faisant passer par une nouvelle épreuve bien douloureuse. C'était l'usage alors de faire subir un examen préalable aux jeunes rhétoriciens, avant de les admettre définitivement au grand Séminaire. On nous donnait une version à traduire ; et comme cela arrive dans ce genre d'examen, les moins forts tâchent de se faire passer la copie des plus habiles. Or, Régis Déléage voulant faire consciencieusement son travail, par lui seul, eut le malheur de faire un contre sens. La commission d'examen, présidée par Mgr de Morlhon, ne manqua pas de s'arrêter à ce funeste passage, et le jeune Déléage fut jugé incapable d'entrer au Séminaire, bien que certainement il fut plus capable que plusieurs autres qui venaient d'être reçus.

Quelle heure cruelle pour ce cher condisciple, pour notre bien-aimé directeur et pour nous tous qui connaissions sa capacité, qui nous reconnaissions plus indignes que lui d'être admis au Séminaire! Mais Dieu ne voulut pas que l'épreuve fut longue et bientôt à la douleur succéda l'allégresse. Dans sa sagesse et sa bonté paternelle, le saint Evêque finit par se rendre aux vives instances de notre Directeur, au témoignage et aux supplications des condisciples qui s'accordaient tous à faire son éloge.

Quel malheur pour l'Eglise et les sauvages du désert,

si Régis Déléage eût été éloigné des degrés du sanctuaire ! Dieu, qui avait de si grands desseins sur lui, ne pouvait pas le permettre. Pendant le peu de temps que Régis Déléage a passé au séminaire du Puy, avant d'entrer dans la sainte famille des Oblats de Marie, il a toujours été un vrai modèle de parfait séminariste. Il n'avait pour cela qu'à arroser, à faire fleurir de plus en plus les belles vertus, les excellentes qualités dont son âme était douée depuis longtemps. Comme au collège, il répandait autour de lui le doux parfum d'une vie toute angélique; ses condisciples parlent encore de son grand esprit de piété, de douceur, de charité, d'humilité profonde, de l'excellence de son caractère, de la candeur, de la beauté de son âme. Et celui qui trace ces lignes et qui eut l'avantage d'habiter au séminaire la même cellule que lui, ne saurait oublier les beaux exemples de vertus sacerdotales que l'abbé Déléage n'a cessé de lui donner. Il avait beau cacher le feu sacré qui le dévorait, sous les dehors de la modestie la plus parfaite, il en perçait toujours quelques étincelles qui enflammaient l'âme. Que de fois, quand le soir la lumière était éteinte, il a pu le voir se prosterner aux pieds de Jésus crucifié et de la Vierge immaculée, pour répandre ses larmes et ses supplications d'amour ! Que de fois, soir et matin, au milieu même de la nuit, il a pu entendre ses accents et ses soupirs brûlants, qui étaient ceux d'un séraphin !

Dieu avait trop richement doté le cœur et l'âme de l'abbé Déléage, pour ne pas en faire un apôtre de prédilection. Arriva bientôt le jour de quitter le séminaire, pour aller se préparer, de plus en plus, dans la solitude des PP. Oblats, aux grandes destinées, vers lesquelles le ciel l'appelait. Et là, comme au séminaire du Mont-Anis, il ne cessa d'être un sujet d'édification pour tout le personnel de la sainte Maison. Bientôt l'abbé Déléage fut armé de pied en cap pour voler à la conquête des âmes : les déserts sauvages du Bas-Canada furent le théâtre de ses immenses travaux.

VI

LE DÉPART

Qui n'a pas vu la scène importante et préparatoire du départ des missionnaires, ne saurait en parler. C'est, dit-on, la cérémonie la plus émouvante qu'il soit possible de contempler sur la terre. Voilà donc le nouvel apôtre, qui s'embarque gaiement à Marseille, avec les Pères et les compagnons de la sainte mission. Pour répondre à l'ardeur de son zèle, ses supérieurs n'ont pas attendu qu'il fut prêtre, et il reçoit le diaconat immédiatement avant le départ.

Pendant la longue traversée, qui n'a pas duré moins de cinquante-cinq jours, la mer, image de ce monde, a été tantôt calme, tantôt furibonde : mais l'âme de Régis a toujours conservé son même calme et sa confiance inaltérable. Plusieurs fois, le vaisseau violemment ballotté par les vagues, a failli faire naufrage ; mais, comme les apôtres sur le lac de Génézareth, Régis et ses compagnons ont apaisé par leurs prières la fureur des flots.

Presque seul, parmi tous les passagers, l'enfant de Notre-Dame du Puy, qu'on avait cru jadis atteint d'une maladie mortelle, fit sain et sauf ce long trajet, sans la moindre altération de sa santé. « Après une très « longue traversée, écrivait-il à ses parents, grâce au « secours de Dieu et de sa divine Mère, grâce aux prières « de tant d'âmes ferventes, nous venons d'arriver sans « trop d'accidents, au terme de notre course, et pour ma « part, je n'ai pas eu une heure de mal ; je me porte « mieux que jamais. »

Voilà bien l'enfant privilégié de la Providence, le protégé de Jésus et de Marie, qu'on voulait renvoyer du collège pour défaut de science et de santé, et qui passe à travers tous les obstacles de terre et de mer, pour opérer des merveilles dans tous les déserts du nouveau monde.

VII

L'ARRIVÉE

Mettre pied à terre, après deux mois de pénible navigation, c'est un bonheur qu'on ne saurait comprendre sans l'avoir éprouvé. A peine les jeunes missionnaires ont-ils aperçu les rivages tant désirés et la riante cité de Boston, qui se montre à leurs regards mouillés de douces larmes, que leurs cœurs s'ouvrent à la joie, et leurs voix font entendre le *Magnificat* et le *Te Deum* d'action de grâce. Leur premier mouvement en posant le pied sur cette terre promise, c'est de se prosterner à deux genoux, de la baiser avec amour, à l'exemple des pèlerins, quand ils atteignent les rives de la Terre-Sainte.

A cette époque, Boston avait quarante mille catholiques sur cent vingt-cinq mille habitants. A leur entrée dans la ville, les hommes de Dieu reçoivent l'accueil le plus bienveillant et le plus cordial. C'est un honneur qu'on se dispute de pouvoir loger les missionnaires. « Nous ne savions, écrit l'abbé Déléage, à qui donner la « préférence, lorsqu'un homme de la foule nous fait pour « ainsi dire violence, afin de nous conduire à sa maison, « et il invite ses amis pour se féliciter avec eux du « bonheur qu'il avait de posséder les messagers de Dieu « dans son habitation. Et après nous avoir régalés de « son mieux, dans un joyeux festin, il nous a conduits « à vêpres, dans une église voisine. Là, presque autant « d'hommes que de femmes; là, une piété profonde, au « milieu de chants magnifiques; là, point de respect « humain, comme dans nos cités d'Europe, mais la « franche profession de foi, dans toute sa libre expansion.

« Dieu soit béni, disaient entre eux les jeunes ouvriers « de l'Evangile, nous ne sommes point sur une terre « ingrate et maudite : le Seigneur nous a donné dans sa « vigne un lot de prédilection; il sera bon pour nous « d'être ici et d'y fixer notre tente. »

VIII

LES PREMIERS TRAVAUX

Les premiers labeurs du ministère apostolique ne furent pas les moins ardus pour l'abbé Déléage. Se préparer à la prêtrise, étudier les mœurs, les usages, les différents dialectes des peuples qu'il devait évangéliser, telles furent d'abord ses occupations multiples et fatigantes, surtout à son âge et après une traversée si pénible.

La langue d'ailleurs, parmi les peuples du désert, composés de tribus diverses qui parlent un langage différent, est d'autant plus difficile à apprendre que c'est un amalgame de plusieurs idiomes, plus ou moins informe, sans règles bien précises et déterminées. Et pour le missionnaire en particulier, ce n'est pas assez que de la comprendre; il faut encore savoir la parler, l'écrire d'une manière exacte, composer lui-même, et faire imprimer les livres les plus usuels pour les prières et les éléments essentiels de la religion catholique ; de là même pour le jeune lévite, des labeurs et des efforts inconcevables.

Mais un travail opiniâtre vient à bout de tout, surtout quand il est secondé par la grâce, comme celui du P. Déléage. Chose merveilleuse, plus il vieillissait, plus sa mémoire et ses facultés se développaient : en peu de temps il eut fait des progrès inconcevables, il catéchisait, il prêchait, il corrigeait, il composait des catéchismes, avec une étonnante facilité : « Dieu, vraiment disait-il, se « met de la partie, plus j'avance en âge, plus j'ai de l'aisance « et de la santé. » Le voilà l'intrépide apôtre qu'on avait cru dangereusement malade et incapable de faire un vicaire de campagne.

IX

LES MISSIONS DU BAS-CANADA

La portion du champ du père de famille échue au P. Déléage se composait de déserts immenses entrecoupés par des forêts épaisses, des fleuves, des torrents rapides, des lacs et des montagnes couvertes de glace ou de neige, une grande partie de l'année. N'était-ce pas envoyer à une mort prompte et certaine cet homme à qui les médecins n'avaient accordé que quelques jours d'existence? Comment pourra-t-il vivre dans un climat meurtrier, sur un sol humide et glacial? O divine Providence, que vous êtes admirable dans vos voies, que votre action est puissante et maternelle envers ceux que vous voulez conserver! Le Père Déléage a vécu là en parfaite santé et y a opéré des merveilles pendant trente-six ans!

Voyez-le, courant, volant à la conquête des âmes, avec une ardeur infatigable, portant sa tente d'une forêt à l'autre, d'un chantier à l'autre, traversant les monts et les vallées, les lacs et les torrents impétueux, donnant, multipliant ses missions selon le nombre des tribus dispersées, ne se lassant jamais de baptiser, de catéchiser, de prêcher, de confesser, d'administrer les malades. Et après avoir parcouru des distances immenses, à travers les frimats et les tempêtes, par des sentiers souvent impraticables, que trouve-t-il le soir, pour reposer ses membres inondés de sueur? Des broussailles humides, un sable boueux, ou des pierres glacées. Que porte-t-il avec lui pour alimenter et couvrir son corps brisé de fatigue? Deux mauvaises couvertures avec son pain sec et son morceau de lard. Avec cela, toujours robuste, toujours intrépide, toujours gai, toujours content de souffrir pour

Jésus-Christ et de lui gagner des âmes. « Je surabonde de
« joie, au milieu de mes sauvages, disait-il avec l'apôtre
« saint Paul; je tressaille de bonheur en voyant que
« je leur fais du bien et que j'en suis tendrement aimé.
« Ils font des centaines de lieues, pour venir se confesser
« et baiser la main de leur père. Oh! si les prêtres étaient
« autant aimés dans notre chère patrie! Je suis d'autant
« plus heureux, que plus je me fatigue, plus j'ai de
« vigueur et de santé. »

Fortuné Régis, que votre couronne doit être brillante dans le ciel, et que la notre sera peu de chose, si tant il est vrai que nous en méritions une! Car pendant que vous donniez des milliers d'âmes à Jésus-Christ, nous dormions lâchement et nous restions les bras croisés! Pendant que vous grelottiez de froid dans vos déserts, nous jouissions gaiement du doux climat de France!

X

LES ÉDIFICES DE SON APOSTOLAT

Ce qu'il y a d'étonnant dans la vie du P. Déléage, c'est qu'au milieu des courses et des missions incessantes de son apostolat, il ait à lui seul, entrepris et mené à bonne fin un grand nombre de constructions, qui seules auraient rempli la longue vie d'un homme.

L'absence d'églises, d'établissements et d'écoles propices, pour la célébration du culte et l'instruction des jeunes sauvages du désert avait ému ses entrailles, en voyant surtout l'état prospère des édifices schismatiques. « Quoi « donc, s'écrie-t-il avec douleur, on fera tout pour l'erreur « et rien pour la vérité, tout pour l'esprit des ténèbres et « rien pour le divin Maître! Oui, ô Seigneur, je veux, « par votre grâce, vous élever des autels, des sanctuaires « dignes de votre auguste présence ; je veux vous bâtir « des écoles, des asiles pour vos jeunes agneaux. » Et aussitôt il se met à l'œuvre, combine ses plans, se met lui-même à la tête des ouvriers, dirige les travaux avec une rare intelligence, ne craignant pas de prendre parfois la truelle, la scie et le marteau, se transportant d'un chantier à l'autre, du chantier des travaux au chantier de la prière, faisant toujours passer l'édifice spirituel de ses enfants avant les constructions matérielles. En peu d'années, et comme par enchantement, de belles maisons d'école s'élevaient au désert.

Et s'adressant aux maîtres et aux maîtresses de l'enfance chrétienne : « Venez, disait-il, hâtez-vous d'accourir à « à mon cri : ô frères et sœurs bien-aimées, venez, car la « moisson est prête ; venez, car beaucoup demandent le « lait et le pain de la doctrine chrétienne, et je n'ai « personne pour m'aider à le leur distribuer. » Et à sa voix, des catéchistes, des religieux, des religieuses dévouées, parmi lesquels les bonnes Sœurs grises, arrivent dans le désert.

Que dire des trois ou quatre nouvelles églises qu'il a bâties dans les principales localités de son immense district ? Que dire surtout du bel et grand monument de *Maniwaki,* auprès duquel pâliraient plusieurs cathédrales de France, et qui a été le digne couronnement des œuvres matérielles, opérées par le R. P. Déléage ? La régularité du plan, le fini de l'exécution, la beauté de la sculpture et de la peinture, l'élégance des chapiteaux et des colonnes, la majestueuse élévation des voûtes, des arceaux et du clocher magnifique qui va se perdre dans les nues, la multiplicité et la décoration des autels, les mille couleurs si bien nuancées des vitraux et des murailles, l'éclatante blancheur des belles pierres qui forment la façade, la solidité des contreforts qui soutiennent les murs et les voûtes ; tout, jusqu'au toit et au pavé serait digne de fixer l'attention de nos architectes et artistes. La longueur de l'édifice qui est de 162 pieds, sa largeur qui est de 52, sa hauteur qui est dans les proportions voulues, disent assez les dépenses qu'ont entraînées sa construction et ses décorations. Et cependant, sans ressources aucunes, par le seul moyen de ses quêtes et des dons de ses pauvres sauvages, le P. Déléage put terminer après tant d'autres, cette œuvre gigantesque. N'avons-nous pas raison de répéter que ce vaillant d'Israël a été, depuis son jeune âge, jusqu'à son dernier jour, l'enfant privilégié de la divine Providence, un homme de merveilles et de vertus admirables ?

XI

LES VERTUS DU P. DÉLÉAGE

Parfois l'on trouve des hommes qui, tout en faisant des prodiges pour la gloire de Dieu et le salut de leurs frères, s'oublient un peu eux-mêmes, et ne montent pas toujours jusqu'à la perfection des vertus chrétiennes. Tel ne fut pas le R. P. Déléage qui, dans sa course apostolique, tout en travaillant beaucoup pour Dieu et le prochain, n'a cessé de progresser lui-même de vertu en vertu, jusqu'à son dernier soupir. Chez lui, loin de ralentir avec les années le feu sacré n'a fait que grandir de jour en jour ; parce qu'il a su le conserver à l'abri de la mortification et de l'humilité la plus constante ; parce qu'il a eu soin d'activer sa flamme par l'encens d'une prière fervente, par l'huile d'une douceur et d'une charité parfaites.

Les Oblats de Marie, les enfants du désert rediront longtemps ses belles vertus et en garderont la précieuse mémoire. Pour nous qui ne l'avons pas vu de près dans son ministère auguste, nous glanerons quelques épis dans ses pieuses correspondances avec sa famille ; et c'est ainsi que nous emprunterons ses propres paroles pour révéler quelques-unes de ses vertus, qu'il tenait tant à cacher sous le boisseau.

Par la seule lecture de ces charmantes lettres, il est facile de voir que le bon P. Déléage a parfaitement conservé, en les rendant de plus en plus parfaites, les qualités et les vertus aimables dont Dieu l'avait doué dès le jeune âge. C'est d'abord d'*un grand esprit d'humilité et de simplicité chrétiennes*. Loin de s'énorgueillir de ses œuvres, il les regardait comme imparfaites et se plaignait de ne rien faire quoi qu'il fît beaucoup. C'est souvent qu'il demande à ses parents des prières, pour qu'il puisse faire le bien et demeurer fidèle à l'accomplissement de ses devoirs (1).

« Priez pour moi, répétait-il souvent : car que ferais-« je sans la grâce de Dieu et la protection de la Vierge « Immaculée? Priez pour moi, qui ai tant de travaux « pénibles et dangereux, afin que je ne me laisse pas pren-« dre par notre ennemi commun, le démon, ni détourner « de ma propre sanctification, au milieu de tant d'occu-« pations diverses. »

Une autre fois, il manifeste son contentement après une mission, et il s'écrie dans un naïf langage : « Je suis très « satisfait de mes chers sauvages, car leur piété n'a pas « peu servi à réveiller la mienne. »

Sa foi vive et sa tendre piété, loin de se ralentir, n'ont fait que prendre d'une année à l'autre de nouveaux accroissements. Ni les rigueurs d'un climat meurtrier, ni les fatigues excessives de son dur ministère et de ses courses incessantes, ni le besoin urgent de repos et de sommeil, ni les douleurs de son corps chargé de rhumatismes, rien ne peut le détourner de ses moindres exercices de piété ; à pied, sur son traineau ou sur son canot, de jour ou de nuit, il trouve toujours le temps de prier et de méditer. Ses délices et ses plus doux délassements, sont de mêler sa voix à celle de ses chers néophites, dans l'assemblée du chantier ou de l'église, c'est de réciter avec eux la prière et le chapelet, c'est de chanter comme eux et avec eux les vêpres, les hymnes et les cantiques de notre sainte religion. « Quel bonheur pour moi, s'écrie-t-il, « de pouvoir faire retentir dans nos déserts les louanges « de Jésus et de sa divine Mère ! »

Jamais il n'écrit à ses parents, sans leur rappeler le grand devoir de la prière et des pratiques religieuses.

Une vive et solide piété ne saurait marcher sans la grande vertu de charité et le zèle qui en est la flamme la plus ardente et la plus pure.

(1) « C'est moi surtout, dit-il, qui ai grand besoin de prières, « pour remplir, selon Dieu, les innombrables obligations, qui « sont sur mes faibles épaules. »

La *Charité*, mais une charité brûlante, universelle, qui embrasse tout ce qui tient à la gloire de Dieu et au salut des mortels, c'était la vertu favorite du P. Déléage, celle qui a formé le plus beau fleuron de sa couronne sacerdotale et apostolique. En jetant un regard sur chacune de ses lettres, on ressent quelque chose de la divine chaleur qui brûlait son âme.

Quel amour pour Dieu ! quel zèle dévorant pour la gloire de Jésus-Christ ! quelle sainte ambition pour propager, étendre les limites de son royaume à travers les forêts du Canada !

Voyez-le se précipiter d'un chantier à l'autre, d'une tribu, d'un campement à l'autre, plantant partout la croix du divin Maître, faisant bénir son nom jusqu'au fond des déserts, faisant des centaines de lieues par jour, sans jamais succomber à la fatigue. « Que Dieu soit loué, que Jésus-Christ soit glorifié. »

C'était sa grande devise et l'unique mobile de toute sa vaillance. Quel *amour, quelle tendresse filiale pour la Vierge immaculée*, dont il avait été, dès son enfance, le serviteur et l'avocat dévoué ! Pas une de ses lettres qui n'omette le doux nom de Marie, dont il recommande chaleureusement la dévotion. « Que ferions-nous, sans Marie, « s'écrie-t-il ; qu'aurais-je fait, que ferais-je encore au « milieu de mes sauvages, sans cette bonne et tendre « Mère ? C'est pourquoi je vous prie de vous intéresser « pour moi auprès de notre douce mère Marie immaculée, « dont nous célébrons maintenant le mois privilégié. »

Aussi, qui pourrait dire ce que l'apôtre du Mont-Anis a fait dans ses missions pour le culte et la gloire de Marie ?

Après Jésus et Marie, c'est le *glorieux saint Joseph*, que le P. Déléage aime tant à honorer et à faire honorer ; c'est à lui qu'il a souvent recours pour le succès de ses entreprises les plus difficiles. « Nous prions, dit-il, tous « les jours le père nourricier de Notre-Seigneur, pour « nous aider à réussir. » Et quand on vient le féliciter de telle ou telle réussite, il donne cette réponse candide : « Hélas ! pendant que nous travaillions, saint Joseph ne « restait pas sans rien faire. » Jésus ! Marie ! Joseph !

C'était son refrain de chaque jour ; parce que c'étaient

ses trois grands avocats, et les grands modèles qu'il se plaisait à copier dans sa vie de père et de sauveur de ses frères.

Que dire de son *zèle vraiment apostolique,* de ce feu ardent qui le dévore nuit et jour pour le salut des âmes? C'est pour cela qu'il s'est arraché aux joies de la patrie et de la famille, pour cela qu'il a traversé les mers, qu'il est allé vivre et mourir au milieu des sauvages; c'est pour cela qu'il a vaillamment supporté toutes les incommodités de la vie, les rigueurs du froid, de la faim et de la soif, tous les labeurs, toutes les fatigues d'un long et pénible apostolat, de manière à ravir d'admiration le sauvage; et un protestant lui-même lui disait un jour : « Pour opérer « ce que vous faites, vous êtes vraiment plus robuste « qu'un ours. » Et quand on lui dit de prendre du repos : « Qu'est-ce tout cela, répond-il, en comparaison du ciel « et du salut éternel? Ne faut-il pas, à si bas prix, acheter « les âmes de ces pauvres sauvages, qui ont coûté à « notre divin Maître aussi cher que les nôtres! » La maladie, la souffrance, la nuit même ne sont rien pour lui, quand il s'agit de sauver une âme. Que d'âmes perdues dans ses déserts, lui devront le bonheur du salut éternel!

O le digne et véritable apôtre, qui n'a vécu que pour se consumer tout entier au salut de ses frères!

A un tendre amour pour les âmes, le P. Déléage joignait naturellement un *tendre amour pour l'Eglise notre Mère.* Avec quel œil vigilant il suit ses combats, ses humiliations et ses triomphes! Comme il est dans la jubilation, quand il la voit triompher dans n'importe quel coin de l'univers! Mais quelle douleur, quelle amertume dans son âme, quand il la voit quelque part, en butte à la rage des méchants, quand il voit le Christ outragé, sa croix foulée aux pieds, ses sanctuaires, ses mystères et ses sacrements profanés, ses ministres, ses religieux traqués, bannis, comme de vils scélérats, quand il apprend surtout que la fille aînée de l'Eglise lève l'étendard de la révolte et de l'ingratitude contre la meilleure et la plus auguste de toutes les Mères, contre celle qui l'avait faite la plus belle et la plus glorieuse de toutes les nations!

C'est alors que cette belle âme, exhalant les soupirs de

la douleur, dans ses dernières lettres, fait entendre à ses parents les paroles et les conseils les plus salutaires.

« Ce que je demande à Dieu pour vous tous, leur dit-il, « c'est qu'il vous accorde la grâce de toujours vivre en « vrais chrétiens, au milieu de tant de méchants qui per- « sécutent l'Eglise, l'épouse chérie de N.-S. J.-C.

« Souvenez-vous des saintes paroles que notre bonne « mère nous adressait, quand elle nous parlait des horreurs « de 93, et de l'héroïsme de ses fidèles parents. Gardez « donc intacte la foi de vos vertueux ancêtres. Demeurez « toujours fidèles, soyez forts, ne craignez rien. Aimez « votre religion, pratiquez-la, comme il faut. Fréquentez « les sacrements. Aimons notre Dieu, aimons notre Ré- « dempteur, qui sera bientôt notre juge. »

Quelle sagesse, quel à-propos dans ces conseils d'un père à ceux qui lui sont chers ! Comme il brûle de leur communiquer le feu sacré dont il est rempli lui-même, pour l'Eglise et la religion sainte !

Mais pensez-vous que dans ce noble cœur il y a froideur et oubli de la France? Certes, pour être loin de la patrie, son amour n'en est pas moins ardent, ni moins efficace. Sur toutes les plages lointaines, n'est-ce pas le religieux, le missionnaire français, qui aiment le plus et font le plus aimer, vénérer la France?

C'est cet amour sincèrement patriotique qui perce, dans chacune des lettres du P. Déléage, de la façon la plus émouvante. Avec quelle ardeur il prie pour sa prospérité ! qu'il est heureux de son bonheur ! Mais qu'il est triste et navré de ses revers et de ses humiliations ! « Nous gémis- « sons, s'écrie-t-il dans l'amertume de son âme, nous « pleurons de voir notre belle France, volée, appauvrie, « déchristianisée, déshonorée, humiliée, aux yeux de « toutes les autres nations. »

Tantôt il parle des bénédictions célestes accordées aux familles et aux nations qui demeurent fidèles à Dieu ; tantôt il rappelle les châtiments réservés à celles qui lui manquent de fidélité : « Le Seigneur, dit-il, est quelque- « fois lent à punir ; mais plus il attend, plus la punition « sera terrible. Prions donc tous ensemble, supplions le « Cœur de Jésus d'avoir pitié de notre malheureux pays. »

Avec l'amour de la patrie, le P. Déléage porte naturellement dans le fond de son cœur l'amour de tous les Français, même des plus aveugles, dont il demande incessamment la conversion. Quel bonheur pour lui, lorsque, dans ses courses, il peut rencontrer quelque compatriote, parler avec lui de la belle et chère patrie! Comme il se plait à lui prodiguer les soins les plus paternels! Témoin ce pauvre cordonnier de nos montagnes, qu'il trouva dans les déserts, et vis-à-vis duquel il remplit le rôle de la plus tendre des mères. Quel constant et affectueux souvenir il garde de ses amis et condisciples, dont il ne s'était séparé qu'en contractant avec eux de saints et pieux engagements. Nous gardons encore dans notre portefeuille, écrites et signées de sa main, les conditions et promesses de ce précieux contrat : C'était, chaque jour, la récitation du *Memorare* et de trois *Ave Maria* avec l'oblation du Saint-Sacrifice, à la mort de chacun d'entre nous : des quatre signataires et condisciples nous sommes encore trois survivants. Puissions-nous nous retrouver tous ensemble, là où il est, sinon avec le même degré de gloire, du moins avec le même bonheur du ciel!

Dans chacune de ses lettres, le cher et vénéré missionnaire s'intéressait vivement à nous et n'oubliait guère de demander de nos nouvelles : « Dites-moi, répétait-il dans sa correspondance avec ses parents, dites-moi ce « que font, ce que sont devenus tels et tels de mes profes- « seurs et condisciples. »

Que dire de l'amour si tendre, si vif, si constant du saint religieux envers ses dignes parents, pour lesquels il a tant prié, jusqu'à son dernier soupir?

Dans toutes ses lettres, il y avait tous les conseils les plus pratiques et les plus salutaires, avec la ligne spéciale pour chacun d'entre eux, pour sa mère, ses frères, ses trois sœurs religieuses, même pour ses belles-sœurs et leurs enfants, qu'il n'avait jamais vus.

« Bien chers parents, disait-il à tous, vous êtes aussi « frais à ma mémoire, aussi chers à mon cœur, que le « jour que je vous ai quittés. Je ne célèbre pas une seule « fois la sainte Messe, sans penser à vous tous, et vous « recommander tous aux SS. Cœurs de Jésus et de « Marie immaculée. »

A ses frères mariés, il ne cesse de répéter : « Vous « avez des enfants, faites tout votre possible pour les con-

« server purs et chastes, pour les éloigner de toute com-
« pagnie perverse. Prêchez-leur le bon exemple, la piété, la
« justice, la sobriété, le respect et l'amour pour les pasteurs
« de notre sainte Eglise. Les enfants, que vous élevez pour
« Dieu, feront votre gloire ici-bas et votre couronne dans
« l'éternité. »

A son frère qui est resté dans le célibat, « Mon cher
« Claude, dit-il, puisque Dieu t'a inspiré de ne pas t'en-
« gager dans les liens du mariage consacre-lui ton corps
« par la pureté, et ton âme, par la fréquentation des sacre-
« ments. »

Pour ses trois sœurs, dignes filles de Saint-Joseph, il se plait à les encourager dans la sainteté de leur vocation, et il leur dit dans son zèle d'apôtre : « Bien aimées sœurs,
« qui, comme moi, avez voué à Dieu votre corps, votre
« volonté, votre liberté, soyez bonnes religieuses, aimant
« Dieu et le faisant aimer par toutes les âmes qui
« vous sont confiées. Soignez bien les jeunes enfants dont
« vous avez la garde. Ayez beaucoup de charité pour les
« malades et les pauvres. Prêchez la piété, la douceur, la
« simplicité, par vos paroles et surtout vos exmples. »

Ses belles-sœurs ne seront point oubliées dans les aspirations de son cœur fraternel : « Bien chères belles-
« sœurs, leur dit-il, quoique je n'aie pas le bonheur de
« vous connaître, vous n'en êtes pas moins l'objet de mon
« affection et de mes prières, depuis que mes frères sont
« devenus vos époux. Je sais que vous êtes bonnes et cha-
« ritables ; soyez-le toujours, et ne craignez pas d'être
« appauvries par la charité ; car, selon le proverbe,
« l'aumône qui sort par la porte, rentre par la fenêtre.
« Conjointement avec vos époux, travaillez à la bonne édu-
« cation de vos enfants. Et quand vous aurez des peines
« ou des maladies, souffrez avec courage et au nom de
« Jésus-Christ. Travaillons, vivons tous, de manière que
« nous puissions un jour nous connaître et nous aimer tous
« ensemble, dans la patrie céleste. »

Sa sollicitude et son amour s'étendent jusqu'à ses neveux et ses nièces, à qui il se plait à faire les plus touchantes recommandations. « Tendres neveux, chères nièces, leur
« dit-il, je ne vous connais que de nom, mais votre place
« n'en est pas moins dans le cœur de votre oncle mission-

« naire. Je ne vous oublie pas, je pense à vous, je prie « pour vous au Saint-Sacrifice. Nous sommes séparés de « corps, mais non de cœur et d'esprit. Restons toujours « unis dans les cœurs de Jésus et de Marie, afin de nous « connaître et de vivre ensemble dans le séjour des élus. »

Voilà comment le prêtre, le religieux, le missionnaire savent aimer leurs parents, leurs amis, leur famille et leur patrie. N'est-ce pas le chef-d'œuvre du vrai patriotisme, le type le plus complet, la flamme la plus pure, la plus ardente de la fraternité véritable? La philantropie moderne saurait-elle aimer de la sorte?

Rempli d'amour et de sollicitude pour les vivants, le R. P. Régis se gardait bien d'oublier les morts, surtout ceux qui lui étaient unis par les liens du sang et de l'amitié chrétienne. Et afin de pouvoir au plus vite les soulager, il recommandait de lui faire connaître promptement le trépas de ceux qu'il aimait le plus sur cette terre. « Si Dieu, « lisons-nous dans sa correspondance, venait à retirer de « ce monde quelqu'un d'entre nous, veuillez me le faire « savoir de suite, afin que je puisse acquitter, pour le « repos de son âme, les messes que notre sainte règle « nous permet d'offrir à cette occasion. »

A la mort de sa tante et de sa mère, deux âmes d'élite, bien faites pour le ciel, il prie et fait prier pour elles, en recommandant à ses frères et sœurs de ne pas les oublier, de remplir fidèlement leurs dernières volontés, et de bien profiter de leurs leçons et de leurs bons exemples. « Main-« tenant, s'écrie-t-il, que ces chères âmes nous ont quit-« tés, pour quelque temps, que devons-nous faire? C'est « d'abord de prier pour elles et d'exécuter, le plus exacte-« ment et le plus vite possible, tout ce qui fait l'objet de « leurs dernières volontés; c'est ensuite de ne jamais « oublier les bons exemples et les sages avis qu'elles n'ont « cessé de nous donner à tous. »

C'est ainsi que nous-mêmes, pour ne pas laisser tomber dans l'oubli ses belles vertus, les touchants exemples, les sages conseils du bon P. Déléage, nous avons pieusement volé dans la collection de ses lettres quelques-unes de ses propres paroles, comme autant d'épis précieux, pour composer une gerbe d'édification chrétienne.

Mais tout en glanant à la hâte, dans ce champ merveilleux, nous sommes bien forcé d'avouer que nous avons passé sous silence bien des choses dignes d'admiration, et que nous tâcherons de garder pour notre propre sanctification.

Ayant tant à dire sur la sainte et longue carrière du R. P. Déléage, et trouvant tant de modestie, tant d'humilité à côté de tant de vertus et de grandes œuvres, nous nous sommes borné à jeter un coup d'œil sur le côté tout providentiel de sa belle vocation, de son glorieux apostolat, tout en admirant sa piété, sa ferveur tout angélique, sa grande confiance au milieu des plus rudes épreuves, son courage héroïque, pour triompher de tous les obstacles et opérer tant de bien.

Ce qui nous a ravi d'admiration dans ce grand serviteur de Jésus-Christ, c'est le feu sacré dont il brûlait pour la gloire de Dieu et le salut des âmes, pour le triomphe de l'Eglise et de la France, sa chère patrie ; c'est sa grande ambition de prêcher sans cesse, de propager autour de lui, et partout où passent ses lettres, la pratique des devoirs religieux et des vertus chrétiennes, et en particulier la grande vertu de charité, l'esprit d'amour et de fraternité chrétienne. « Ayons toujours la paix et la concorde ; soyons « toujours unis ici-bas par les liens de la charité, afin d'être « un jour tous réunis dans le séjour de l'amour éternel. » C'était l'aimable refrain qu'il aimait le plus à répéter, à l'exemple du disciple bien-aimé.

XII

SA MORT

Une si belle vie ne pouvait être couronnée que par une belle mort.

Bien convaincu que le moyen efficace de mourir saintement, c'est de s'y préparer par une vie sainte et fervente, le R. P. Déléage fit de toute son existence une véritable préparation à la mort, dont on l'avait menacé à ses jeunes années, mais qui ne put le frapper qu'après les travaux d'un long et glorieux apostolat. Déjà, en 1864, il voyait sur sa tête cette faulx menaçante, et il disait à ses parents ce qu'il avait répété bien d'autres fois : « Chers frères et « sœurs, si j'en juge par moi-même, nous approchons « tous vers nos derniers jours. Nos forces faiblissent. « Je ne suis plus agile comme autrefois ; mes cheveux ont « blanchi, mes mains commencent à trembler, et tous mes « membres deviennent raides. Tant mieux, après avoir « vécu séparés ici-bas, il est bien temps de nous revoir « et de nous rencontrer dans le sein de Dieu, pour ne « jamais plus nous séparer. »

Qu'il fait bon mourir, quant on a prévu la mort, et qu'on a vécu comme le R. P. Déléage!

On peut bien dire de lui qu'il s'est endormi, comme Joseph, entre les bras de Jésus et de Marie.

Quelle mort que celle de cet ardent missionnaire ! Elle fut, à coup sûr, l'écho et le couronnement de sa belle vie. Elle fut la mort du vieux et fidèle soldat, qui meurt, loin de son pays, les yeux fixés sur le drapeau de la patrie, celle du père bien-aimé qui rend en paix le dernier soupir, au milieu des nombreux enfants qu'il a enfantés à Jésus-Christ.

C'est une lumière ardente qu'on avait voulu cacher sous le boisseau, c'est un astre inconnu qui, après avoir traversé bien des nuages, éclairé, échauffé les déserts du Canada, disparaît aux regards de sauvages ramenés à Jésus-Christ, pour aller briller dans le firmament des cieux!

Sans un dessein secret de la divine Providence, la belle mort du R. P. Déléage fut restée probablement cachée dans le désert, au milieu de ses chers sauvages, à qui il était attaché par les liens les plus sacrés et qui avaient pour lui la plus grande vénération.

Mais quelques jours avant de le couronner dans le ciel, Dieu a voulu le faire passer sur un nouveau théâtre, soit pour lui ménager quelques jours de repos et de préparation à la mort, soit pour édifier les chrétiens des deux cités voisines qui seront témoins de ses dernières vertus, pour édifier et consoler ses frères religieux qui auront le bonheur de l'assister à son trépas; soit pour ne rien laisser perdre des derniers actes d'une si sainte vie; soit enfin pour donner à sa mort et à ses funérailles un degré de solennité, qu'il méritait à tant de titres.

Jésus, Marie, Joseph, qu'il avait tant honorés et fait honorer, ont voulu le glorifier dignement à son trépas. C'est bien N.-D. d'Hull qui l'appelle, avant sa mort, dans sa sainte maison de la cité, où le fidèle serviteur doit bientôt s'endormir du sommeil des justes, sous les regards de la Vierge immaculée, qu'il avait tant aimée, le 1er août, un vendredi à 3 heures du soir, le jour et l'heure sainte de la mort du divin Sauveur. C'est bien Joseph, en qui Régis avait eu tant de confiance, qui réclame, pour son Eglise, l'honneur des funérailles. C'est enfin Jésus, dont il fut l'infatigable apôtre, c'est ce bon et divin Maître, qui accorde au scholasticat de Népéan la vénérable dépouille de celui qu'il veut donner pour modèle aux jennes aspirants au ministère apostolique. Gloire donc à Jésus, Marie, Joseph, qui ont bien voulu glorifier leur fidèle serviteur jusqu'après sa mort.

A tous les membres de la pieuse famille du R. P. Déléage, à tous ses confrères dans la vie religieuse, nos accents de congratulation et de condoléance; car si d'un côté ils ont fait une grande perte, ils ont, de l'autre, donné à l'Eglise militante un nouveau protecteur dans le ciel.

A tous les bons religieux, à toutes les âmes fortunées qui l'ont vu souffrir et mourir en saint, nous laissons en ce moment la parole.

Le 1er août, le P. Goudet, oblat de Marie, et l'un de ceux qui ont assisté à la mort du R. P. Déléage, annonçait à sa sœur religieuse, en Amérique, la triste nouvelle, dans la lettre que voici :

« Bonne mère,

« L'enveloppe de ma lettre vous a déjà donné à com-
« prendre la triste nouvelle qu'elle renfermait.

« Hélas ! oui, notre cher Père Déléage nous a quittés
« aujourd'hui, vendredi, à trois heures du soir. Ayant
« gardé sa connaissance jusqu'au dernier moment, il s'est
« éteint paisiblement, sans agonie. Encore ce matin, il a
« pu recevoir la sainte communion en viatique. Il avait
« reçu les derniers sacrements le dimanche précédent...
« Ce cher Père avait fait de grand cœur le sacrifice de sa
« vie. Il est mort parfaitement résigné à la volonté de Dieu.
« Que de fois on lui a entendu répéter, durant sa mala-
« die : « Que la volonté de Dieu soit faite ! » Des mes-
« sieurs et des dames de la ville, tant protestants que
« catholiques, l'ont visité pendant sa maladie. Il était
« connu de beaucoup de monde et aimé de tous.

« Les prières ne lui manqueront pas, après sa mort.

« Veuillez annoncer la triste nouvelle à vos parents en
« France. »

« Votre dévoué en Notre-Seigneur,

« GOUDET, *oblat religieux*. »

Le 5 du même mois d'août, le supérieur de la maison de N.-D. d'Hull, le R. P. Cauvin, qui lui a prodigué et fait prodiguer les soins les plus paternels, annonçait ainsi à sa famille en France l'affligeante nouvelle.

« Hull, le 5 août 1884. (Canada.)

« Mon bien cher Monsieur,

« Je viens remplir auprès de vous un bien pénible

« devoir : mais je ne puis me refuser à cette prière d'un
« ami, d'un frère... Hélas! quoique paisible, édifiante,
« sainte, la mort de ce cher Père n'en est pas moins dou-
« loureuse, navrante pour sa famille, pour ses amis, pour
« nous, ses frères en religion...

« Votre frère jouissait ici de l'estime générale pour ses
« vertus religieuses et sacerdotales, pour ses travaux, son
« dévouement de missionnaire, pour son zèle pour la
« colonisation de la vallée de la Gatineau. Aussi sa mort
« a-t-elle jeté un deuil, une peine vrais, sensibles dans
« tous les cœurs.

« Pour tous le cher P. Déléage a été le prêtre selon le
« cœur de Dieu, le type du vrai missionnaire, le parfait
« religieux. Ses paroles, ses œuvres, son esprit, son cœur,
« tout est là pour le dire et le transmettre comme une
« tradition qui restera longtemps vivante, au sein des
« populations reconnaissantes, pour lesquelles sa vie n'a
« été qu'un dévouement et un sacrifice continuels.

« Maintenant il ne nous reste plus qu'à suivre la route
« que ses vertus nous ont tracée, pour parvenir avec lui
« à l'éternelle récompense, qu'il a méritée. En attendant,
« prions pour que Dieu donne à son âme le repos des
« justes. »

« Votre humble et dévoué,

Eug. Cauvin, o. m. j.,
Supérieur.

Le 2 août, le journal le *Canada* imprimait, sur la mort du R. P. Deléage, l'article ci-après :

« *Requiescat in pace !*

« Un autre vétéran du bon Dieu qui est allé recevoir la
« palme due à ses 35 années de dévouement, consacrées
« à l'extension du royaume de Dieu, sur les rives de la
« Gatineau, de la Déserte, de la baie d'Hudson.

« Hier, à trois heures de l'après-midi, le R. P. Fran-
« çois-Régis Déléage rendait le dernier soupir à l'hôpital
« de cette ville, où il était venu chercher des soins que ses
« lointaines missions ne pouvaient lui procurer...

« Le R. P. Déléage était originaire de France. En 1848, « n'étant encore que diacre, il passa au Canada, en com- « pagnie de quelques autres missionnaires. Il fut le pre- « mier prêtre ordonné par Mgr Guigues. Après quelques « années de ministère dans les petites missions, aujour- « d'hui florissantes paroisses, avoisinant Ottawa, il alla « évangéliser les tribus sauvages de la baie d'Hudson. Il « fonda ensuite la mission du désert, Maniwaki lui doit « une grande partie de ses progrès et de ses agrandisse- « ments. Il comprenait que le rôle de missionnaire consiste, « non seulement à instruire les peuples des vérités de la « religion, mais encore à lui inculquer les principes du « travail et de l'économie, Aussi fut-il dans ces régions « un des pionniers de la civilisation.

« Les sauvages avaient en lui une confiance sans bornes, « ils le consultaient dans toutes leurs nécessités, soit spi- « rituelles, soit temporelles : ils l'appelaient leur père par « excellence ; et si grande fut leur peine, quand ses forces « ne lui permirent plus de desservir Maniwaki, que plu- « sieurs d'entre eux voulurent le suivre dans sa nouvelle « résidence. Ses restes mortels sont actuellement exposés « dans une des salles du collège. Un service solennel sera « chanté pour le repos de son âme, lundi matin, dans « l'église Saint-Joseph. »

Et, le 4 août, ce même journal rendait compte de cet office funèbre en ces termes : « Les funérailles du « R. P. Déléage ont eu lieu ce matin à l'église Saint- « Joseph, Le service a été chanté par le R. P. Antoine, « provincial, assisté du R. P. Prévost, comme diacre, et « du R. P. Poitras comme sous-diacre.

« Mgr Duhamel a fait l'absoute. Au nombre des ecclé- « siastiques présents au chœur, étaient M. le grand vicaire « du diocèse, le R. P. Piau, supérieur au désert, et un « grand nombre de prêtres des différentes paroisses de la « ville et des environs.

« Parmi les laïques, on remarquait MM. les députés « Baskerville et Duhamel, et MM. Davis, P. T. French, « R. Ryon.

« L'inhumation a eu lieu dans le cimetière du col- lège. »

Voilà comment Dieu sait glorifier ses élus, même dès ce

monde, surtout quand ils ont tout sacrifié pour sa propre gloire.

Et maintenant, ô aimable et vaillant apôtre du désert, en terminant ces quelques lignes qui ne font que défigurer votre sainte et glorieuse mission, permettez à celui qui eut le bonheur d'être, au séminaire, le compagnon de vos travaux et de votre cellule, de vous exprimer quelques-uns de ses vœux. Du haut du ciel, où votre âme doit habiter avec les anges, n'oubliez pas ce qui vous fut cher ici-bas sur la terre. Pensez à la France, que vous aviez toujours tant aimée et fait aimer parmi les sauvages; n'oubliez pas la pauvre France, qui fut toujours et veut demeurer la fille aînée de l'Eglise, la reine des nations. Ranimez le feu sacré, la foi vive, la vaillance des anciens jours, parmi les enfants de saint Georges, de saint Rémi, d'Adhémar de Monteil et parmi les nombreux serviteurs de N.-D. du Puy.

Autant et plus que quand vous étiez dans vos forêts du Canada, continuez d'avoir les yeux sur vos parents et vos amis, qui se plaisent d'avoir confiance en vous. Eclairez, dirigez leurs pas, à travers les orages du temps présent; soutenez, fortifiez leur courage dans les tribulations et les combats qui les attendent durant la vie et à l'heure de la mort.

Priez pour eux, priez pour celui qui fut peut-être indigne de votre sainte amitié : dites à Jésus de lui pardonner son peu de fidélité à profiter de vos bons exemples et de vos sages conseils.

Dites à Marie qu'il a grandement besoin de sa protection maternelle; conjurez-la d'être toujours sa puissante avocate, de ne jamais l'abandonner ni dans les derniers jours de la vie, ni à l'heure du trépas.

TABLE

Pages.

LE PUY. — IMP. PRADES-FREYDIER, PLACE DU BREUIL.

www.ingramcontent.com/pod-product-compliance
Ingram Content Group UK Ltd.
Pitfield, Milton Keynes, MK11 3LW, UK
UKHW020454180726
13839UKWH00004B/1809

9 782329 555416